Le Réalisme et l'Idéalisme dans la musique

Camille Bellaigue

Édition : BoD • Books on Demand GmbH, In de Tarpen 42,
22848 Norderstedt (Allemagne)
Impression : Libri Plureos GmbH, Friedensallee 273,
22763 Hamburg (Allemagne)
ISBN : 978-2-3225-4412-7
Dépôt légal : septembre 2024

LE RÉALISME ET L'IDÉALISME DANS LA MUSIQUE

Trop de gens éprouvent pour la musique plus de goût, ou de passion, que de considération et d'estime. Ceux mêmes qui l'aiment le plus, trop souvent ne l'ont que l'aimer. Cela n'est pas suffisant, et cela n'est pas juste. Il est équitable pour elle, et pour nous il peut être profitable, de donner à la musique, dans l'ordre de l'intelligence, une place digne de celle qu'elle occupe dans l'ordre de la sensibilité. Autant que les autres arts, elle a des attaches et comme des racines au plus profond de notre entendement. Plutôt que de les couper, il importe de les connaître et au besoin de les fortifier. Pour cela, rien n'est meilleur que d'examiner la musique à la clarté de certaines idées générales, de l'essayer et, pour ainsi dire, de l'éprouver à leur contact, de faire passer en elle quelques-uns des grands courans de l'esprit. Nous l'avons considérée naguère au point de vue social ou sociologique[1]. Aujourd'hui nous tâcherons de voir se combiner et se commander en elle deux principes ou deux élémens universels et partout coexistans : l'idéalisme et le réalisme, ou, si l'on craint les termes d'école, l'idéal et la réalité.

Est-il besoin de définir de tels mots, ou s'entendent-ils d'eux-mêmes ? « Il y a, comme l'observait un jour M. Brunetière, et justement à propos de l'idéalisme, il y a des définitions qui ne sauraient être trop étroites ; il y en a d'autres dont il est bon, nécessaire même, de laisser un peu flotter les termes. » Celles-ci peuvent nous suffire aujourd'hui. Il ne nous faut ici que des définitions ou seulement des acceptions flottantes et même un peu diverses. Ainsi le réalisme de la musique peut être, — et nous l'observerons d'abord, — ce qu'il peut y avoir dans la musique de vulgaire ou de trivial, de sensuel et presque physique seulement. Mais le réalisme en musique, ce sera encore, en un sens plus profond et plus glorieux, le rapport essentiel et sans lequel il n'est point d'art, de la musique avec la vérité. Sous plus d'un aspect, à son tour, l'idéalisme de la musique apparaîtra. Idéaliste par sa nature mathématique et métaphysique, la musique ne l'est pas moins par le sens auquel elle s'adresse. Elle l'est encore, et d'une manière qui lui est propre, par l'existence en elle d'un élément sans analogue ailleurs : l'idée musicale. Enfin la musique est idéaliste par son objet, lequel est surtout intérieur et par conséquent idéal. Et, cet idéal même n'étant que le sentiment ou l'âme, c'est-à-dire la plus réelle des réalités, la réalité par excellence, on aperçoit déjà par quel détour ou plutôt quel retour nous verrons se consommer dans la musique le partage et comme la transaction nécessaire entre le double besoin et la double nature de l'humanité.

I

Réaliste, j'entends par là triviale et vulgaire, il est évident que la musique peut l'être. Cette première acception du mot réaliste n'a rien que de légitime, certain réalisme n'étant que la manifestation, parfois la glorification de ce qu'il y a de plus extérieur et superficiel, de plus médiocre et de plus méprisable dans la réalité. De tout cela la musique peut se faire l'interprète. Elle peut ne mettre en lumière (lumière crue et violente) que les aspects les plus communs, voire les plus grossiers des choses, l'enveloppe et comme l'écorce rude qui les revêt, mais aussi les déforme, et qu'il faut percer. La musique, ainsi que la littérature, a ses genres secondaires et même bas. Il y a des feuilletons en musique, des mélodrames aussi, des vaudevilles ou moins encore, et de tel refrain d'opérette ou de café-concert, on peut se demander si l'air est le plus ignoble, ou si c'est la chanson.

La même situation, le même personnage, que dis-je ? la même action ou le même mouvement physique inspire la plus exquise ou la plus triviale musique. Schubert et M. Lecocq ont écrit des chansons de postillon fort inégales. Tel ou tel « coucher de la mariée » dans les opérettes jadis en vogue ne ressemble que de très loin à l'épithalame de *Lohengrin*, et, pour ne parler que de la musique de danse, on sait qu'il y a des valses délicieuses, mais qu'il en est de pitoyables aussi. Associée à nos plus nobles émotions, la musique l'est de même à nos plus médiocres plaisirs. On fait de la musique à l'église, au Conservatoire et sur les champs de bataille ; on en fait au cirque et sur les champs de foire. Aux sons de la musique l'homme rêve, il pleure, il pense et il prie ; mais aux sons de la musique les animaux dansent et les chevaux tournent, même les chevaux de bois. Nul art n'est plus accessible, plus à la portée du vulgaire, partant plus à sa merci. Appartenant à tous, la musique peut souffrir de tous, et de sa beauté, de sa vertu sociale, voici le revers et la triste rançon. Ce qu'elle fait pour les hommes, les hommes à leur tour l'accomplissent contre elle ; ils lui rendent le mal pour le bien ; elle les élevait, ils la dégradent, et les crimes des foules, comme leurs exploits, s'accomplissent en chantant.

Une autre cause d'abaissement et de vulgarité pour la musique est la nécessité de l'interprétation. Seule entre tous les arts, excepté l'art dramatique, elle y est soumise, et plus que l'art dramatique même, elle en pâtit. Gounod disait avec raison : « Il suffit d'un interprète pour calomnier un chef-d'œuvre. » Les chefs-d'œuvre de la musique sont les plus exposés à cette calomnie. Plus sensibles que les autres et vulnérables en plus d'endroits, ils comportent en outre de plus nombreux interprètes. Rappelez-vous le *Théâtre à la mode*, ironiquement dédié par Marcello « aux chanteurs de l'un et de l'autre sexe, directeurs, instrumentistes, machinistes, peintres, bouffes, costumiers, pages, comparses, souffleurs, copistes, etc. » Aujourd'hui comme autrefois, peut-être davantage, cette foule d'intermédiaires est nécessaire à la plus complexe des œuvres d'art, l'opéra. Faut-il s'étonner qu'en ces trop nombreuses rencontres avec la réalité, l'idéal se dégrade et se déflore, et que le flambeau quelquefois s'éteigne, en passant par tant de mains ?

Indépendamment de toute interprétation, et pour ainsi dire en soi, la musique peut être réaliste au sens où nous prenons ici le mot. Composée de formes viles, elle peut n'exprimer et n'éveiller que des pensers et des sentimens dépourvus d'élévation et de dignité. Tantôt le rythme sera vulgaire, tantôt ce sera la mélodie, l'harmonie, ou le timbre seulement.

Qui ne sait que le timbre, cette couleur du son, comporte toutes les nuances, depuis la noblesse suprême jusqu'à la plus basse trivialité ? Parmi les mots eux-mêmes, ou les noms, et suivant leur sonorité, ne fût-ce que leur désinence, il en est d'élégans et distingués ; il y en a de communs et presque ignobles. Entre les voix ou les instrumens, les différences sont pareilles, et tout orchestre est une hiérarchie, Hegel distinguait deux catégories ou deux familles d'instrumens, inégales en nombre comme en dignité, selon la configuration linéaire ou superficielle du corps sonore : tantôt une colonne d'air ou une corde en vibration, tantôt une surface revêtue de parchemin, une cloche de verre ou de métal. Il observait justement que « la direction linéaire domine et produit les vrais instrumens musicaux. » Il croyait même apercevoir « entre les sentimens intimes de l'âme et les instrumens linéaires une secrète sympathie, qui fait que l'expression des sentimens simples et profonds exige la vibration des longueurs simples au lieu des surfaces unies ou arrondies. » Je sais bien que de telles classifications n'ont rien d'absolu. Beethoven a tiré le premier des timbales, instrument tout en surface, des effets extraordinaires de profondeur et de simplicité. Les instrumens valent ce que vaut le musicien qui les emploie, et le vulgaire cornet à pistons a été promu par Meyerbeer dans le trio final de *Robert le Diable* à une dignité qu'on ne lui connaissait pas. Ce sont là néanmoins des exceptions et comme des faveurs spéciales. Elles ne renversent point un ordre général et, encore une fois, une hiérarchie naturelle, que, sans y insister, il convenait au moins de rappeler ici.

Autant que le timbre, l'harmonie introduit dans la musique un élément de noblesse et d'idéal, ou de vulgaire et plate réalité. C'est l'harmonie, plus précisément un accord de *sol* mineur substitué à l'accord de *si bémol*, qui donne à la dernière reprise du *Voi che sapete* de Chérubin un étrange et profond accent de mélancolie. Avant les premiers mots de Lohengrin, modifiez, ne fût-ce qu'une seule note de l'harmonie exquise, changez en accord de *ré* majeur l'accord de *fa dièse* mineur, aussitôt vous verrez se rompre le charme et s'évanouir le mystère dont marche environné le chevalier divin.

Quant à la mélodie, à qui donc apprendrons-nous qu'elle aussi, elle surtout, peut être ce qu'il y a de meilleur, ou de pire ? Qu'elle soit de l'une ou de l'autre sorte, il est aisé de le décider, le démontrer est moins facile. En revanche, rien n'est plus simple que de changer une belle, une sublime mélodie en une mélodie triviale, et je dirais presque infâme. Une seule note altérée suffit. Les chanteurs, qui le savent peut-être, font trop souvent comme s'ils ne le savaient pas. D'un Mozart même, surtout d'un Mozart, les notes les plus exquises, les plus divines, ne leur sont point sacrées. Ornemens, transpositions, ils n'épargnent aucun outrage à ces lignes aussi intangibles, ou qui devraient l'être, que les vers de Racine ou le dessin de Raphaël, et les plus grands interprètes eux-mêmes de *Don Juan* ou des *Noces de Figaro* ne furent pas toujours innocens de pareils attentats.

Le rythme enfin et le mouvement, ou *tempo*, renferment un principe singulièrement efficace d'élévation ou de déchéance, car les rapports de durée entre les notes n'importent pas moins que les rapports d'espace. Le rythme constitue même dans la musique l'agent ou le facteur principal de la caricature, cette dégradation de l'idéal. On peut réduire en quadrille le chef-d'œuvre le plus austère. Quand l'un des maîtres contemporains du piano, M.

Delaborde, s'y essaya plaisamment sur quelques fugues du *Clavecin bien tempéré*, le rythme fut son principal complice. Il s'en faut, et de beaucoup, que toute musique rythmée soit triviale, mais il n'est guère de musique triviale qui ne soit fortement et même brutalement rythmée.

Vulgarité du rythme, de la mélodie et du timbre, sans compter celle des paroles, en un mot tout ce que la musique profanée peut comporter et réunir d'élémens grossiers et bassement réalistes, tout cela se rencontre trop souvent dans le répertoire des théâtres d'opérette et des cafés-concerts. Qu'à l'audition de pareille musique, à l'éveil au fond de soi-même de mouvemens et de sensations inférieures, certaines gens toujours, et tous à certaines heures, éprouvent quelque plaisir, je veux bien le reconnaître. Mais je dois confesser aussi, avec M. Brunetière encore, que « je ne suis jamais sorti d'un café-concert ou d'un théâtre d'opérette, sans ressentir quelque honte ou quelque humiliation du genre de plaisir que j'y avais parfois éprouvé[2]. »

II

Dans une seconde acception du mot, on peut dire que la musique est réaliste par ses rapports avec le monde des sens ; par tout ce qu'il y a de sensible ou de sensuel, de relatif enfin à l'ordre des réalités physiques, dans la nature de l'art musical, dans ses faiblesses ou ses égaremens, quelquefois même dans certaines de ses beautés.

L'action physiologique de la musique est de beaucoup supérieure à celle des autres arts. La musique est le seul art auquel des animaux soient sensibles, le seul aussi qui invite l'homme et le contraigne même au mouvement : à la marche, à la danse, au balancement régulier de telle ou telle partie du corps. Encore plus que d'effets mécaniques, la musique est une cause, prodigieusement efficace, d'effets nerveux. Il y a des personnes que le son de tel ou tel instrument fait cruellement souffrir. Quand il entendait une trompette, Mozart enfant était près de s'évanouir. C'est un plaisir physique, et rien de plus, que nous procure telle ou telle note exceptionnelle et toute-puissante de la voix humaine : l'*ut dièse* d'un ténor ou le *contre-fa* d'un soprano.

Toute musique est inférieure, si elle se borne à produire des sensations. Quand le son nous excite au mouvement physique seulement, il ne nous plaît que comme aux animaux, ou aux hommes qui se contentent d'impressions animales. *Saltantes Satyros imitabitur Alphesibœus.* Des sons groupés qui ne parlent qu'à notre oreille ne constituent qu'une musique dépourvue de signification et de valeur.

Tel est le cas et le vice de certaine musique italienne. On dit volontiers aujourd'hui : de toute musique italienne. C'est médire, ou plutôt calomnier. Quand l'art italien, à la fin du XVIIIe siècle, tomba dans la sensualité brillante et vaine, il y tomba de très haut, des sommets, longtemps gardés, d'un idéalisme très pur. Idéaliste à son aurore, la musique italienne le fut encore à son midi. Elle le fut d'abord à l'église, dans les immatérielles polyphonies de Palestrina, chœurs invisibles que des âmes seules semblent chanter. La musique de théâtre même naquit à Florence au sein d'une académie platonicienne, fondée et présidée par le comte de Vernio. Rien de moins réaliste que la réforme monodique et l'opéra, tel que l'avaient conçu les premiers maîtres florentins. Les traités d'esthétique du temps ne parlent que de l'idée ou de l'idéal. Par admiration et par imitation de l'antiquité, les théoriciens et les philosophes que les artistes étaient alors, un Vincenzo Galilei, un Caccini, s'efforcent de réduire dans la musique la part de la sensation. Ils cherchent, ils rêvent un art aussi riche d'idée ou d'esprit que sobre de matière ou de moyens. Caccini, dans ses *Nuove Musiche*, définit la musique « une image ressemblante de ces insaisissables harmonies célestes, d'où viennent tant de biens à la terre », et, quand il la décompose en trois élémens, il donne le premier rang à l'élément intellectuel, la parole ; le second au rythme, et au son, à l'élément sensible, le dernier seulement. Quelque cent cinquante ans plus tard, l'illustre compositeur des *Psaumes*, en sa préface, ne contredira pas l'auteur des *Nuove Musiche*, et des trois fins qu'il propose à la musique, « *appagare l'orecchio, muovere il cor, e recreare lo spirito* », ce n'est pas la première que Marcello tient pour la plus glorieuse.

Mais le XVIIIe siècle finissant renversa la noble hiérarchie qu'avaient établie les grands maîtres, et le son, la note, aussi meurtrière parfois que la lettre, l'emporta sur l'esprit. Rossini parut et régna. Tout fut sacrifié à la sensation, et dans le phénomène complexe du plaisir musical, l'ordre ancien des facteurs fut interverti. *Appagare l'orecchio*, la jouissance de l'oreille, devint et demeura longtemps le principal objet de la musique. Stendhal, ce représentant parfait du dilettantisme italien au commencement du siècle, a écrit une *Vie de Rossini* d'où l'on pourrait extraire toute une esthétique sensualiste, en contradiction absolue avec celle des Marcello et des Caccini. Parlant de je ne sais quelle cavatine de l'*Italiana in Algeri*, quand Stendhal soupire voluptueusement : « C'est la musique la plus physique que je connaisse », c'est aussi le plus bel éloge de la musique qu'un Stendhal puisse imaginer.

L'Allemagne alors ne connut point une telle décadence. Deux siècles durant, de Schütz à Schumann, elle eut cette bonne, fortune que pas un de ses grands hommes ne détourna du dedans au dehors, de l'âme vers les sens, son austère et profond génie. Ce n'est que plus tard, à mi-chemin de notre siècle, qu'elle rencontra l'homme extraordinaire qui devait également correspondre à ce génie et y contredire. Oui, chez Wagner, avec le profond idéaliste que nous étudierons plus loin, un grand réaliste s'est rencontré, tel que la musique allemande n'en avait jamais connu. Par le musicien de Bayreuth l'apport de la sensation à la jouissance musicale s'est accru dans des proportions inouïes et peut-être exorbitantes. Wagner d'abord a prétendu faire de l'œuvre d'art une œuvre de tous les arts à la fois, sensible en même temps à tous les sens, une combinaison ou un concert de sensations diverses et renforcées les unes par les autres. Ce n'est pas tout : de la musique même, de la seule musique, il a singulièrement développé le sensualisme ou la sensualité. Comme Berlioz, encore plus que Berlioz, il est un virtuose de l'orchestre, un maître souverain des sonorités ou des timbres, et sans doute il y a quelque chose de plus matériel ou de moins idéal dans le timbre, qui est la couleur des sons, que dans l'harmonie, et surtout la mélodie, qui en est le dessin ou la ligne. Que Wagner exerce aujourd'hui sur nous une action, une prise plus forte, plus violente surtout, qu'un Bach ou un Mozart, on n'en peut disconvenir ; mais si maintes fois il nous prend au cœur, que de fois aussi n'éprouvons-nous pas que c'est au corps qu'il nous prend ! On sait de quelle formidable étreinte. En quelle angoisse haletante, en quels spasmodiques transports il nous jette, on le sait également. Pour composer l'irrésistible orchestre de Wagner, toutes les puissances de la nature se sont conjurées ; la terre a donné tout le métal de ses entrailles et le bois de toutes ses forêts. Pour nous livrer d'aussi rudes assauts, toute matière a fourni des armes. L'esprit même de l'art s'est transformé. Le rythme, non plus le rythme rigoureux d'autrefois, mais un rythme continu, flottant, nous enveloppe et nous enlace. De la mélodie, continue également, le chromatisme effleure et caresse notre chair, à moins qu'il ne l'écorche et ne la déchire ; tantôt c'est une morsure et tantôt un baiser. Oh ! qu'il était léger, à fleur de lèvre, le sensualisme d'Italie, à côté du sensualisme allemand ! Qu'était-ce que la flatterie d'un refrain doux à l'oreille, auprès des secousses et des poussées furieuses dont les polyphonies wagnériennes nous ébranlent tout entiers ? Certes, c'étaient de frivoles, de sensuelles jouissances que les contemporains de Stendhal allaient chercher dans les salles étincelantes de San-Carlo et de la Scala ; mais quel théâtre aussi vit plus de larmes que le théâtre sombre de Bayreuth ? lequel entendit plus de soupirs et de sanglots ? Lequel fut ainsi l'asile ou le temple de toutes les manifestations physiques de l'admiration et de l'extase, des grimaces et des convulsions du délire et de la folie ?

Dans le double génie de Wagner, dans le contraste et presque la contradiction qui le constitue, il ne faudrait jamais séparer les deux élémens ou les deux pôles. L'injuste auteur — ou juste seulement à demi — de *Dégénérescence*, a eu le tort de ne regarder que l'un des deux. Celui-là du moins, il l'a bien vu. Personne mieux que M. Nordau n'a signalé ou plutôt dénoncé « les lamentations, glapissemens et fureurs amoureuses de *Tristan et Yseult*... les accens exaltés d'une sensualité insatiable et brûlante jusqu'à l'extrême, ces râles de rut, ces gémissemens, ces cris et ces affaissemens si affectionnés par Wagner. » Ailleurs encore l'écrivain allemand se plaint que « l'excitation amoureuse revête toujours, dans la peinture qu'en fait Wagner, la forme d'une folie furieuse. » — Je regrette et je retrancherais volontiers un seul mot : toujours. Il est faux que l'amour wagnérien soit toujours l'érotisme. Il est l'héroïsme souvent, le renoncement, le sacrifice et le don sublime de soi. On ne saurait pardonner à M. Nordau d'oublier pour la frénétique Yseult la pure Elsa, la généreuse Brunnhilde et surtout l'angélique Elisabeth. Mais, les droits de l'idéalisme dans l'art de Wagner étant ainsi rappelés, le sensualisme garde les siens. Or, jamais peut-être plus qu'en face d'Elisabeth et contre elle, ceux-ci ne se sont affirmés ; jamais œuvre ne fut plus que *Tannhäuser* représentative de Wagner tout entier, parce qu'en nulle autre la rencontre et le conflit ne furent plus tragiques entre l'ange et la bête, entre la matière et l'esprit.

Je ne sais même pas si l'avantage ici — l'avantage esthétique — ne demeure point à la bête, et si dans *Tannhäuser* le mal n'est pas d'une beauté plus grande que le bien. Il y est au moins d'une puissance et d'un réalisme où jamais encore il n'avait atteint. *Armide, Don Juan, Faust*, toute musique d'amour, de volupté même, pâlit et fond au feu de ce brasier d'enfer. Exposés dans l'ouverture, épars et délayés dans la Bacchanale du premier tableau, c'est au dernier acte que s'unissent, pour éclater ensemble, tous les élémens, toutes les forces impures des sons. Avec un tel élan, avec tant de furie, que, dans notre mémoire au moins, la nature et la matière continuent de faire équilibre, échec peut-être, à l'esprit et à la grâce, qui dans le drame pourtant finissent par triompher. On dirait que la musique a déchaîné ici toutes les énergies, toutes les violences contenues dans le vers fameux :

C'est Vénus tout entière à sa proie attachée.

Et de quelle âpre, de quelle infrangible attache ! Comme les premières notes du ténor : *J'allais, poussé vers ce divin séjour* ! mordent sur les trémolos de l'accompagnement ! Quelles délices et quelles tortures ensemble ! Wagner n'épargne rien. Il porte tout au comble : la langueur jusqu'à l'anéantissement, l'excitation jusqu'à la frénésie. A servir son dessein, je dirais volontiers son idéal de volupté et de luxure, il contraint tous les élémens, tous les agens sonores : le rythme qu'il énerve, la mélodie dont il exaspère le chromatisme, et jusqu'à la sonorité même des instrumens, des altos par exemple, qu'il pousse en leurs derniers retranchemens. Ainsi dans ces pages extraordinaires, tout est représentation physique. Ce n'est point à l'âme, ni de l'âme que parlent les sons. La bête, la bête seule triomphe magnifiquement, et nous voyons ici quelle part la musique peut faire, quel prestige, quelle splendeur même elle peut donner aux réalités des sens, de la chair et du sang.

III

Réaliste, c'est-à-dire triviale, c'est-à-dire sensuelle, la musique est réaliste encore parce qu'elle est dans un rapport nécessaire avec la réalité. Que ce réalisme-là ne soit, comme nous l'avons annoncé, que la forme supérieure de l'idéalisme musical, telle sera la conclusion de notre étude, mais la conclusion seulement. Avant d'y parvenir, il convient de chercher quels élémens d'idéal se rencontrent dans la nature et la condition de la musique.

La musique est idéaliste par le sens auquel elle s'adresse. L'oreille sans doute, — et nous venons de le faire voir, — l'oreille a ses délices, mais qui ne sont pourtant ni les plus matérielles de toutes, ni les plus exclusivement physiques. Sans parler de l'odorat, du goût et du toucher, ces trois sens dont il n'est pas d'art, qui niera qu'il y ait beaucoup plus de sensualisme ou de sensualité possible dans les formes et les couleurs que dans les sons, dans ce qui se voit que dans ce qui s'entend ? La peinture et la sculpture ont leurs musées secrets, mais non pas la musique. Sans la détermination par la parole, par le geste, il ne peut exister de musique immorale. Même déterminée par les mots, la musique demeure encore chaste, comparée à la peinture ; certaine situation d'*Esclarmonde* peut faire le sujet d'un entr'acte symphonique, mais non pas d'un tableau. Agent de réception du langage, c'est-à-dire de la pensée, le sens de l'ouïe semble avoir retenu de ce haut emploi quelque éminente dignité. Plus d'un grand fait et d'un grand souvenir atteste cette supériorité idéale. Dans le buisson de feu, le Seigneur se fit entendre de Moïse, mais ne se montra point à lui. Ce n'est pas avec ses oreilles, c'est avec ses yeux, plus facilement tentés et coupables, que Job avait fait un pacte. Jésus enfin n'a pas dit, quand il était parmi les hommes : Heureux celui qui me contemple ! Il a dit : « Heureux celui qui écoute la parole de Dieu ! Heureux ceux qui n'ont pas vu et qui ont cru ! » il s'est appelé le Verbe, et c'est à l'oreille que le Verbe s'adresse.

Sensible au plus noble de nos sens, la musique n'est sensible qu'à un sens unique. L'ouïe, dans la perception de l'œuvre musicale, agit plus seule et se suffit mieux à elle-même que la vue dans la perception de l'œuvre peinte, sculptée, fût-ce architecturale. Soit en imagination, soit en réalité, le toucher s'intéresse volontiers au relief, à la matière même des formes plastiques, statue, bas-relief ou colonne. On dit communément des personnages ou des objets représentés par la peinture, qu'on croirait les toucher. On touche en effet et l'on caresse, afin d'en ressentir doublement la beauté, les tambours de marbre des Propylées ou du Parthénon. Vous savez enfin que le vieux Michel-Ange aimait à promener ses mains tremblantes sur le torse antique du Vatican, L'habituelle « défense de toucher aux objets exposés » n'a d'autre but que de prévenir chez les visiteurs d'un musée la recherche instinctive autant qu'indiscrète de cette sensation complémentaire. Mais en musique la sensation est rigoureusement une ; invisible, impalpable, la musique ne peut que s'entendre, et cela constitue à son honneur, par rapport aux autres arts, un minimum ou un minus de sensualisme ou de sensualité.

Enfin, de cette sensation unique, la musique, dans une certaine mesure, arrive même à se passer. La musique peut exister d'une existence muette, c'est-à-dire indépendamment du sens qui lui est spécialement affecté. Le plus grand des musiciens était sourd. Il a créé, sourd, ses plus magnifiques chefs-d'œuvre. Et de même qu'un sourd a pu composer des symphonies, un sourd, qui peut les lire, n'est pas entièrement incapable de les percevoir, de les comprendre et d'en jouir. La perte de l'ouïe diminue évidemment, et dans des proportions notables, les facultés musicales ; elle ne les abolit pas. Au contraire, on imagine difficilement un peintre, un sculpteur, un architecte aveugle, ou qu'un aveugle puisse rien sentir d'un tableau, d'une statue ou d'un édifice. Non seulement rien sentir, mais rien connaître même, ou presque rien. Si je perds aujourd'hui la vue, que m'apprendront toutes les descriptions, toutes les analyses, des chefs-d'œuvre plastiques de demain ? J'en saurai le sujet, ce qui est fort peu de chose : mais, suivant l'expression vulgaire et profonde, je ne pourrai « m'en faire une idée. » Au contraire, par la seule lecture, « l'idée » me sera, que dis-je ? l'idée m'est révélée tous les jours, d'œuvres musicales que je n'ai pas entendues, que je n'entendrai peut-être jamais. Tandis que le peintre, le sculpteur ne peut rien produire sans couleur, sans argile, sans la lumière ou le relief, le musicien se passe même du son. Dans le silence, il lui suffit d'une plume et de quelques feuillets, lesquels ne constituent aucunement la matière de son œuvre. Ecrite seulement, avant d'être sonore, cette œuvre existe déjà. Déjà, du moins, elle possède un commencement d'être. En dehors du sens de l'ouïe, sans rien qui affecte ce sens, elle vit cependant par l'artiste son créateur, et pour nous ses destinataires. Si donc en peinture, en sculpture, en architecture, l'idée a besoin, pour se réaliser et se manifester à nous, de l'intermédiaire du sens propre à chacun de ces arts ; si au contraire en musique elle est plus capable de s'en affranchir, n'est-ce pas un signe et une preuve nouvelle que l'idéalisme de la musique est, sur ce point encore, un idéalisme supérieur ?

Par nature autant que par le sens auquel elle s'adresse, la musique est idéaliste. Elle l'est par sa nature mathématique, et par sa nature métaphysique elle l'est également.

On sait comment la musique a été définie par Leibnitz : « *Exercitium arithmeticæ occultum nescientis se numerare animi.* » Cet inconscient et secret exercice, les plus grands savans, de Pythagore à d'Alembert, l'avaient toujours soupçonné. De nos jours Helmholtz en a pénétré et dévoilé tout le mystère. Entre l'acoustique et la musique, l'illustre physicien de Heidelberg a déterminé les rapports et pour ainsi dire jeté le pont. « Je me suis toujours senti attiré, dit-il quelque part, par la mystérieuse union des mathématiques et de la musique ; par l'application de la science la plus abstraite et la plus logique à l'étude des sons, aux bases physiques et physiologiques de la musique, le plus immatériel, le plus vaporeux, le plus délicat de tous les arts, celui qui nous fait éprouver les sensations les plus incalculables et les plu s'indéfinissables. La base fondamentale est une espèce d'application des mathématiques ; dans les intervalles musicaux, dans la gamme, etc., les rapports de nombres entiers, quelquefois même de logarithmes, jouent un rôle important. Les mathématiques et la musique, les deux modes d'activité intellectuelle les plus opposés qu'on puisse imaginer, ont une liaison intime, se secourent mutuellement, comme pour prouver la liaison mystérieuse qui apparaît dans toutes les manifestations de notre esprit et qui nous fait soupçonner, jusque dans les œuvres du génie artistique, l'action cachée d'une intelligence qui raisonne[3]. »

Mélodie, harmonie, rythme, tout en musique est nombre et proportions de nombres. Tout, jusqu'au timbre même, celui-ci n'étant constitué — Helmholtz encore l'a démontré — que par « la présence, en nombre et en intensité variable, des sons harmoniques qui accompagnent le son fondamental[4]. » De la musique ainsi, comme de l'architecture, une partie considérable est toute spirituelle. Les lois mathématiques la régissent impérieusement, et ces lois constituent l'ordre idéal par excellence, que la raison seule conçoit dans son abstraite pureté.

Au point de vue métaphysique, la musique est idéaliste parce qu'elle est un art du temps beaucoup plus que de l'espace ; or il semble que de ces deux idées, l'idée de temps ait je ne sais quoi de plus immatériel que l'autre et, pour ainsi dire, de plus idéal encore.

Il est évident que la musique est avec l'espace en des rapports moins étroits et moins essentiels que les arts plastiques. Une note n'est « haute » ou « basse » que sur la portée et suivant une convention, d'ailleurs conforme à l'impression éprouvée, du langage et de l'écriture. En réalité, la musique ne dépend de l'espace que par la vibration de l'air, laquelle est beaucoup moins matérielle que la matière, solide et palpable, des autres arts. C'est du temps surtout que relève la musique. Elle est dans le temps et par lui beaucoup plus que par l'espace et dans l'espace, et pour la musique, pour elle seule, la division du temps est un élément de l'être et de la beauté. Le temps est en quelque sorte l'étoffe de la mesure et du rythme. Il est le lien de la mélodie, qui, sans lui, manquerait à chaque note. Enfin, comme l'observait récemment un psychologue musicien, la vitesse est un élément de la musique, et « la vitesse n'est qu'indirectement fonction de l'espace. Directement, immédiatement, elle est fonction du temps[5]. »

Or, dans la notion même du temps, il n'est peut-être pas impossible d'apercevoir, au moins de sentir obscurément quelque chose de plus spirituel et encore une fois de plus idéal que dans celle d'espace. On nous objectera que, de même que nous devons ridée d'espace à la perception par nos sens des objets dans l'étendue, ainsi nous arrivons à l'idée de temps par la perception, également sensible, des phénomènes dans la durée. C'est par des sensations, agréables ou pénibles, c'est par ses joies, hélas ! et surtout par ses douleurs, que l'homme compte les années, les jours et les heures même. Dès lors, en ces deux idées, en ces deux catégories de l'entendement, la part de la sensation serait égale... Peut-être avez-vous un peu raison. Et peut-être cependant n'avons-nous pas tout à l'ait tort. Il semble, il continue de sembler, malgré tout et toujours, que le temps plus encore que l'espace s'éloigne de la matérialité. « Non seulement, nous écrivait à ce sujet un esthéticien éminent, non seulement, la raison conçoit le temps comme immatériel ; mais, lorsque notre imagination essaie de se le figurer, elle ne peut lui attribuer que la longueur d'une ligne, c'est-à-dire de ce qu'il y a de moins semblable à l'étendue, de ce qui n'a qu'une dimension. » Les corps enfin, les corps seulement sont en relation nécessaire avec l'espace ; ni la pensée, ni le sentiment, n'ont rien de commun avec lui ; les corps sont inconcevables en dehors de l'espace, mais non pas la pensée, et l'on pourrait ainsi par quelque endroit, par quelque biais au moins, regarder l'espace comme le domaine de la matière et le temps plutôt comme celui de l'esprit.

En tout cas, dans l'espace et dans le temps même, la musique se comporte avec plus de spiritualité que les autres arts. Participant à peine à l'étendue, les sons ne persistent pas dans la durée comme les formes plastiques : « Au lieu de laisser l'élément sensible par lequel elle s'exprime se développer pour lui-même, comme font les arts figuratifs, au lieu de lui donner une forme permanente, la musique anéantit cette forme et ne lui permet pas de revendiquer, en face de la pensée qu'elle exprime et de l'esprit auquel elle s'adresse, une existence indépendante et durable[6]. » Dans la nuit silencieuse, sur le rocher de l'Acropole, sur la plage de Pæstum, au fond des galeries closes du Louvre ou du Vatican, les marbres immortels vivent d'une vie mystérieuse et sans témoins. Ils vivent pourtant. Mais quand a résonné le dernier accord, la plus belle symphonie rentre dans le néant. Elle n'existe plus, ou du moins elle ne possède plus qu'une existence virtuelle et latente, qui peut bien être réveillée, mais qui dort. Ainsi, jusque dans la durée, son royaume pourtant, la musique conserve quelque chose de fugitif et de volatil, quelque chose de moins matériel que les autres arts, quelque chose de moins sensible, ou de sensible moins constamment.

IV

Un autre élément, — peut-être le plus particulier, — de l'idéalisme de la musique, c'est l'existence universellement reconnue, et par le langage même, de ce qu'on appelle les idées musicales. La musique est créatrice d'idées qui ne sont qu'à elle, ou plutôt qui ne sont qu'elle, elle-même et elle seule ; idées constituées exclusivement par des mélodies, des accords, des rythmes ; idées enfin les plus idéales possible, parce qu'elles sont, le plus qu'il est possible, dénuées et comme abstraites de tout sujet extra-musical, c'est-à-dire étranger à elles-mêmes. Cet idéalisme en quelque sorte spécifique est le propre de la musique ; ou, du moins, je ne vois guère que l'architecture, qui, dans une mesure restreinte, y participe. Une idée architecturale approche à cet égard d'une idée musicale ; une ligne de pierre ou de marbre peut être comparée à une ligne de sons. Un temple, une cathédrale, un palais, est à sa manière, et un peu comme une symphonie, le développement d'une idée ; cette idée sera, suivant les cas, la colonne, le plein cintre, la coupole ou l'ogive. Mais tout de suite, et sans qu'on y insiste, apparaît la supériorité de la musique, et combien sur les idées d'un Bramante ou d'un Michel-Ange architecte, les idées d'un Beethoven l'emportent par la variété, le détail, et surtout par l'humanité, le mouvement et la vie.

Sans compter que dans les œuvres d'architecture, le fait seul de leur destination et rien que leur nom : palais, cathédrale ou théâtre, introduit quelque chose de concret et de pratique, par où le pur idéalisme se trouve atteint et légèrement altéré.

En peinture et en sculpture, cette altération est encore plus profonde. Il n'y a pas d'idées sculpturales ou pittoresques, au même titre qu'il existe des idées musicales. Il existe une musique, la plus haute et la plus belle, qu'on nomme la musique pure ; mais la peinture, la statuaire pure, cela ne se conçoit pas. Figure humaine ou animale, paysage, événement historique, incident de la vie familière, toute œuvre plastique représente quelque chose ou quelqu'un, et ne peut pas ne représenter rien. « Sera-t-il dieu, table ou cuvette ? » se demande le sculpteur : Tandis que le musicien, je parle du musicien pur, seul entre tous les artistes, n'a rien de pareil à se demander. Il ne cherche ni ne choisit un sujet, ou plutôt il en choisit un, mais qui n'a rien que de musical. Il se dit seulement : « Je veux écrire une fugue, une sonate, un concerto ou une symphonie. » Tandis qu'un tableau de Raphaël nous montre une femme tenant dans ses bras un enfant, que la frise du Parthénon déroule à nos yeux un cortège sacré, le sujet du premier morceau de la symphonie en _ut_ mineur sera : _sol, sol, sol, mi_, et rien de plus. En peinture et en sculpture, l'idée représentée et la représentation demeurent distinctes ; en musique elles sont confondues.

Est-ce à dire pour cela que la musique ne contient et n'exprime rien et que, n'étant le signe que d'elle-même, de son être qui ne se communique ni ne se définit, l'idée musicale n'a pas le moindre rapport avec notre intelligence et notre sentiment ? Non, certes. La musique n'est pas cette isolée, cette égoïste, cette stérile et cette étrangère. Elle n'est vide ni de pensée ni de passion, et les idées musicales d'un Beethoven, fût-ce le *sol, sol, sol, mi* de la symphonie en *ut* mineur, sont autre chose que de vaines arabesques de sons.

Que sont-elles donc, ou plutôt qu'expriment-elles, ces idées, et pourquoi ne peuvent-elles, comme le sujet d'un tableau, d'une statue, d'un drame ou d'une comédie, s'énoncer verbalement ? Pour cette raison très simple que le propre de l'idée musicale est justement d'être musicale, autrement dit exprimable par les sons et non par les mots. Aussi bien, de quel art, de quel chef-d'œuvre d'art, tableau, statue, édifice, les mots suffisent-ils à traduire l'idée totale et l'idéal supérieur ? Si les mots pouvaient dire ce que dit la Joconde, la Vénus de Milo ou le Parthénon, le Parthénon, la Vénus de Milo et la Joconde seraient inutiles et n'existeraient pas. Eh bien ! ce que disent les sons, ce que seuls ils peuvent dire, cela est encore beaucoup plus considérable et beaucoup plus mystérieux que ce que disent les formes et les couleurs, et parce que les idées musicales sont les plus spécifiques de toutes, c'est à ces idées-là que le langage des mots est le plus illégal ou le moins adéquat.

Gardons-nous d'en conclure que ces idées aient rien d'étroit. Au contraire, il n'en est pas de plus vastes ou, pour mieux dire, de plus générales, et qui attestent davantage « le pouvoir d'abstraction et la vertu secrète de l'esprit humain[7]. » D'abord il n'en est pas de plus représentatives de l'ordre, de la logique, des proportions et des nombres. Et puis, si nous vidons en quelque sorte le mot *idée* du sens intellectuel ou rationnel, pour l'emplir d'une signification passionnelle et sentimentale, alors le domaine des idées musicales s'ouvre et s'étend devant nous à l'infini. C'est toute notre âme qu'elles expriment ; que dis-je ? il semble qu'elles soient elles-mêmes notre âme, et cette forme nouvelle de l'idéalisme musical — l'idéalisme de la musique par son objet — nous apparaît comme le centre et le noyau de notre étude.

V

Oui, ce sont les êtres beaucoup plus que les choses, que la musique a pour mission de représenter. Que dis-je, les êtres ? C'est l'être même, l'être en soi. Plus d'un philosophe a reconnu et glorifié la puissance et la beauté métaphysique de l'art musical. « La musique, dit Schopenhauer, nous fait pénétrer jusqu'au fond dernier et caché du sentiment exprimé par les mots ou de l'action représentée par l'opéra, elle en dévoile la nature propre et véritable ; elle nous découvre l'âme même des événemens et des faits[8]. » Dans son livre sur les *Héros*, le grand idéaliste Carlyle[9] définit en métaphysicien la pensée musicale : « Une pensée parlée par un esprit qui a pénétré dans le cœur le plus intime de la chose, qui en a découvert le plus intime mystère, la mélodie qui gît cachée en elle, l'intérieure harmonie de cohérence qui est son âme, par qui elle existe et a droit d'être, ici, en ce monde. Toutes les plus intimes choses, pouvons-nous dire, sont mélodieuses, s'expriment naturellement en chant. La signification de « chant » va loin. Qui est-ce qui, en mots logiques, peut exprimer l'effet que la musique fait sur nous ? Une sorte d'inarticulée et insondable parole, qui nous amène au bord de l'infini et nous y laisse quelques momens plonger le regard. »

De cette intériorité de la musique faut-il conclure que le monde extérieur n'existe pas pour elle ? Non, sans doute, et ni les choses ni les faits ne lui sont interdits ou indifférens. Dire d'un Meyerbeer, par exemple, qu'il fut un grand musicien d'histoire, c'est dire que de grands événemens ou de grandes époques trouvèrent dans le maître des *Huguenots* et du *Prophète* un interprète à leur taille. Les moindres faits eux-mêmes, de menus incidens et des détails, des aventures familières, en un mot l'habitude et comme le train de la vie, tout cela peut être matière à musique. Il n'est pas jusqu'aux chaises et aux fauteuils qu'un Auber ne se vantât de faire chanter. Les plus grands chefs-d'œuvre sont profonds, mais il y a des chefs-d'œuvre légers, pour ne pas dire frivoles ; chefs-d'œuvre de vie extérieure et superficielle, mais de vie enfin, comme un *Mariage secret* ou un *Barbier de Séville*. Et dans les autres, il arrive qu'une part soit faite même à cette vie, ou plutôt à ces dehors de la vie, à l'action, au mouvement : c'est le cas de *Don Juan* et surtout (rappelez-vous le merveilleux finale), c'est le cas des *Noces de Figaro*.

Aux choses encore plus qu'aux faits, je veux dire à la nature, la musique accorde une place et reconnaît des droits. Ces droits, il convient de les définir avec exactitude, sans les réduire mais sans les étendre non plus. Jamais peut-être les rapports de la musique et de la nature n'ont été plus mal compris que par un poète de la nature, et qui se disait musicien, Victor de Laprade. Le thème ou la thèse principale de son livre : *Contre la musique*, n'est que l'assimilation de la musique au monde extérieur. De cette assimilation, faussement établie, de Laprade ne conclut rien que de défavorable à la musique, rien qui ne la rabaisse et ne l'humilie. « La musique, dit-il, est celui de tous les arts qui participe le plus du monde extérieur, qui fait la part la plus grande aux élémens étrangers à l'âme, parce que l'intelligence pure, la raison, le sens moral, sont incapables de la juger. » Ailleurs : « La musique, si puissante sur le cœur de l'homme, se forme tout entière dans le monde extérieur, en dehors du domaine de notre volonté, comme un orage qui se forme dans l'espace et qui va fondre sur nos têtes. » Ailleurs encore : « Cet art, dont les effets physiques sont irrésistibles comme les effets de l'électricité ou du magnétisme, est celui de tous qui suppose chez l'artiste le moins de liberté d'esprit et de clairvoyance morale, celui de tous qui se produit le plus fatalement en vertu de lois presque mécaniques comme une cristallisation, comme une agrégation ou une dissolution de substance dans un alambic. » Ailleurs enfin : « La musique n'a pas sa racine dans le sens moral, dans la conscience, mais dans le sentiment de la nature, « Ainsi le poète s'obstine à dépouiller la musique de tout élément intellectuel, à lui dénier toute valeur logique, rationnelle et morale. L'immoralité surtout, ou plutôt l'amoralité, voilà ce dont il l'accuse. A l'en croire, la musique serait le moins humain des arts. Loin d'être née de Dieu, elle ne serait même pas née de la volonté de l'homme ou de la volonté de la chair, mais du monde extérieur, étranger, inférieur à l'homme, de la nature enfin ou de la matière, et, comme la matière, elle serait sans intelligence, sans conscience et sans liberté.

Une pareille théorie fait injure à la musique. C'est en vain qu'on prétend nous donner pour le plus naturaliste des arts celui justement où la nature physique a la moindre influence et la moindre part. La nature est un grand architecte, un grand peintre et un grand sculpteur. Si grande musicienne qu'elle soit, elle est pourtant une moins grande musicienne. Il y a peut-être en elle autant de sons que de formes et de couleurs, mais il y a certainement moins de symphonies que de tableaux.de statues et même d'édifices.

« La nature est un grand architecte ; ses constructions nous imposent ou nous charment par la beauté, par la variété de leurs lignes courbes, droites, horizontales, perpendiculaires, obliques, qui, continues ou brisées, tourmentées ou paisibles, sévères ou mollement onduleuses, éveillent tour à tour dans notre esprit l'idée d'un effort gigantesque, d'une audace héroïque, d'un repos olympien, d'une grâce qui s'abandonne ou qui s'amuse[10]. » A l'architecture naturelle l'architecte humain ne fait qu'emprunter, pour les reproduire en les résumant, les grands spectacles qui l'ont frappé. « Ses montagnes seront des pyramides, ses pics seront des obélisques, ses cavernes seront des labyrinthes souterrains. Il imitera les vastes plaines de la mer par de longues lignes horizontales, les rochers escarpés par des tours, la voûte du ciel par des coupoles, les forêts par une végétation de colonnes, leurs perspectives fuyantes par des enfilades et des galeries, leurs berceaux par des arcades et des cintres[11]. »

Ce n'est pas tout, et dans un édifice, le monde inférieur aura sa place aussi : « On y verra les feuilles de l'olivier et du laurier, le chardon épineux, l'acanthe, le lis marin, le persil, la rose, la coquille, l'œuf, les perles, les olives, les amandes, les larmes de la pluie, les flammes et les carreaux de la foudre. Puis des feuillages imaginaires s'infléchissent et se tourmentent pour obéir aux rigides contours qui les emprisonnent. Les animaux apparaissent ensuite, comme des emblèmes de la nature sauvage domptée par l'homme. L'Indien assoit la plate-bande de son édifice sur des éléphans, le Persan remplace le chapiteau de ses colonnes par une double tête de taureau, le Grec fait servir des mufles de lion pour vomir l'eau du ciel[12]. »

La nature est un grand sculpteur, et les Phidias et les Michel-Ange ne se sont flattés que de fixer dans le marbre et de réduire à la forme pure la chair vivante et souple que la main divine a modelée.

« La nature est un prodigieux dessinateur et un incomparable coloriste. Elle a fait le ciel et ses nuages ; elle a fait la terre, ses rochers, ses arbres, ses fleurs, ses scarabées, ses colibris et ses paons. C'est elle qui donne à ses printemps leurs verts et leurs gris, qu'elle varie de cent façons ; c'est elle qui dore les automnes et blanchit les hivers comme les cheveux des vieillards[13] » et les peintres brûlent leurs yeux comme les sculpteurs lassent leurs mains à vouloir saisir, sans jamais la surprendre, la beauté qui flotte sur le corps de la créature et sur la face de la création.

La nature, qui s'offre pour modèle au peintre, au statuaire, à l'architecte, se donne ou se prête moins libéralement au musicien. Il n'y a que le musicien qui ne puisse rien copier d'elle et qui ne fasse rien ou presque rien « d'après nature. » De tous les artistes, le musicien est celui qui transforme et transpose le plus. Il est obligé d'abord, s'il veut nous les rendre sensibles, de faire passer du domaine de la vue dans celui de l'oreille l'ordre entier des apparences ou des spectacles naturels. Toute interprétation musicale de ce qu'il y a de visible dans l'univers est en quelque sorte indirecte ou à deux degrés. Mais les sonorités mêmes de la nature ne sont guère moins difficiles à rendre. Il y a plus d'architecture dans les colonnades de la forêt, plus de sculpture au front des montagnes, de peinture sur les ailes de l'oiseau-mouche, qu'il n'y a de musique dans les trilles du rossignol, dans l'écho des cavernes ou le murmure des bois. La nature visible en un mot est beaucoup moins éloignée de l'art que la nature sonore. Un paysage véritable diffère moins du tableau que de la symphonie qu'il inspire, et les secrets d'Isis se lisent plus aisément sur son visage qu'ils ne s'entendent dans sa voix.

« C'est pourquoi lorsque l'homme s'avisa de devenir musicien, il dit à la nature : « Je n'aurai pas la présomption de rivaliser avec tes torrens, tes tonnerres, tes merles, tes cigales et toutes les forces incommensurables dont tu disposes ; mais voici ce que je ferai : Nos passions sont ton ouvrage, c'est toi qui nous les a données. Mais, soit que tu l'aies voulu, soit que nous ayons usurpé sur tes droits en touchant au fruit de l'arbre de la connaissance, nous sommes devenus des êtres pensans, et nos passions s'en ressentent. La pensée, qui est à la fois une force et une faiblesse, leur a imprimé sa marque, et désormais ta musique, qui exprime les passions des choses, n'est plus une interprétation exacte des nôtres ; selon les cas, elle en dit trop ou trop peu. Je traduirai en langage humain, je transposerai, je commenterai tout ce que tu veux bien nous dire, et désormais l'homme comprendra ce que tu refuses de lui expliquer. Tout est mystérieux en lui comme en toi ; je lui dévoilerai tes mystères avec les siens. « Et ayant ainsi parlé, son premier soin fut d'humaniser les sons, afin que les passions de l'air exprimassent aussi les passions humaines[14]. »

« Humaniser les sons », rapporter, subordonner même la matière à l'esprit et la nature à la pensée ; traduire en mélodies, en rythmes, en accords, moins les choses elles-mêmes que l'impression ou la réaction des choses sur nous ; placer l'homme au milieu d'elles pour qu'il participe de leur être et surtout pour qu'il leur communique ou croie leur communiquer le sien, voilà ce que doit faire la musique, et ce que les grands musiciens de la nature ont toujours fait. Les plus beaux paysages musicaux sont les plus conformes à la fameuse définition d'Amiel. Il est devenu banal de rappeler à ce propos la symphonie *Pastorale* et la formule ou le programme idéaliste inscrit par Beethoven à la première page. Plus près de nous, *Tannhäuser* offre un admirable exemple d'un idéalisme pareil et de cette même hiérarchie établie par la musique entre la nature et l'humanité. C'est au début du second tableau. *Tannhäuser* ayant maudit Vénus et invoqué Marie, la scène change brusquement et représente, après la grotte de la déesse, un vallon fleuri par le printemps. Le printemps, le vallon, les fleurs, le soleil matinal, toute la nature enfin chante dans la fraîche tonalité des premiers accords, dans la rustique mélodie d'un chalumeau solitaire, dans une chanson de pâtre, jeune comme le pâtre lui-même, comme la saison et comme l'heure. Tannhäuser cependant n'a pas fait un geste, et, du paysage encore inanimé, ce qui déjà nous intéresse le plus, c'est l'homme qui le contemple, c'est le mouvement, le cri que la nature semble attendre de ce témoin immobile et silencieux. Voici les pèlerins, qui vont à Rome ; ils approchent en psalmodiant. Régulièrement le refrain du berger répond à leur cantique, et chacune de ces réponses nous touche davantage, comme si chaque fois dans la voix de l'instrument pastoral frémissait un peu plus d'émotion, un peu plus d'âme et d'humanité. Les pèlerins s'éloignent. L'enfant les salue et se recommande à leurs prières. Tannhäuser alors, tombant à genoux sur l'herbe du chemin : Seigneur ! s'écrie-t-il en sanglotant. *Seigneur, soyez béni* ! D'un seul coup et par ce seul cri, la vie humaine, la vie morale a fait irruption dans la nature ; la grâce a rajeuni et ressuscité une âme au milieu de l'univers ressuscité lui-même et rajeuni par le printemps. Et la musique ici fait merveilleusement image. Non contente d'exprimer, elle représente. Une gamme fulgurante nous emporte de la terre à l'homme et de l'homme à Dieu. D'un seul bond nous franchissons tous les degrés de l'être. Qu'on ne s'y méprenne point : ce n'est pas seulement la foi, c'est la nature aussi qui a jeté Tannhäuser à genoux ; autant que la douceur des cantiques, la tiédeur du printemps l'a attendri et vaincu. Des calomnies d'un de Laprade, la musique et la nature même sont-elles maintenant assez vengées ? L'idéalisme de la musique est-il enfin hors de doute, si dans un paysage musical comme celui-ci, la beauté des choses s'achève et se résout pour ainsi dire eu beauté spirituelle, et si, de l'ordre physique et naturel, nous sommes transportés et comme ravis soudain jusqu'à l'ordre de la moralité pure, de la conscience et de la volonté.

L'homme donc, et l'homme intérieur, voilà tout ou presque tout l'objet de la musique. De nos dehors ou de nos apparences, elle ne s'intéresse à rien et rien ne lui est nécessaire. Pour saisir et représenter le fond de notre être, elle n'a pas besoin, comme la peinture et la sculpture, de notre corps et de notre visage, de nos attitudes et de nos regards, encore moins de nos atours et de nos ajustemens. Plus idéaliste que la poésie elle-même, elle néglige tout ce qui n'est qu'extérieur, tout ce qui n'est pas la pensée ou le sentiment en soi. Rappelez-vous *Egmont* de Beethoven et les couplets de Claire : « *Ah ! si j'avais un pourpoint, un chapeau !* » Cet habit d'homme et de soldat, que, pour suivre son héros, voudrait porter la jeune fille, la poésie seule le décrit, la musique n'en a cure ; c'est le cœur et non la cuirasse qu'elle chante, ce sont les battemens du cœur qu'elle compte, peu lui importe sous quel vêtement il bat.

Ainsi compris, l'idéalisme apparaît comme l'essence même de la musique. Un grand idéaliste se rencontre en chacun des grands musiciens. En Palestrina d'abord, le premier de tous par le temps et peut-être par ce que j'appellerais volontiers l'intériorité du génie. Produit d'un siècle qui avait pris la haine de la nature pour en avoir trop vivement ressenti l'amour, l'art palestrinien est un art intime et profond. Il subordonne et sacrifie tout à l'idée. Il n'accorde rien au dehors. A peine si tel répons pour la semaine sainte entr'ouvre un jour furtif sur le paysage nocturne de Gethsémani. Partout ailleurs, pas un rayon ne filtre, pas un reflet ne luit. Nulle voix étrangère aux voix intérieures n'ose troubler l'entretien sacré de l'âme avec elle-même ou avec Dieu. En cette musique de prière, de méditation et d'extase, la sensation n'a presque aucune part. Je ne sais pas d'art religieux où le divin se manifeste sous des apparences ou des espèces plus légères. La matière est ici réduite au minimum : au souffle seul de quelques bouches invisibles, que pas un instrument n'ose même accompagner.

Quel idéalisme encore est celui d'un Sébastien Bach ! Pour le cantor de Leipzig comme pour le maître de chapelle romain, il semble que le monde extérieur n'ait pas existé. L'un et l'autre ne se préoccupent que de l'homme, et surtout de l'homme par rapport à Dieu. Joie ou tristesse, toute passion chez Bach est sacrée. Bach est idéaliste encore par la généralité et quelquefois par l'abstraction de son génie. Par la généralité d'abord. En véritable idéaliste, il « sait que rien n'est plus propre à diminuer un grand objet que l'abondance des détails ; comme les accessoires, il les économise, il les réduit au strict nécessaire... Il écarte avec soin tout ce qui pourrait affaiblir la grande impression qu'il désire nous transmettre ? , et, selon le mot d'un de nos plus puissans romanciers, il ne met pas tout en dehors, mais il s'applique à laisser voir ce qui est au dedans[15]. » Alors même que le sentiment chez Bach est le plus intense, il demeure simple. La musique l'exprime dans toute son étendue, dans toute sa profondeur et, pour ainsi dire, en bloc ; elle ne le décompose, ne le raffine ou ne le complique jamais. Il arrive aussi très souvent que cette musique dépouille toute signification pathétique ou sentimentale. Alors elle n'est plus rien qu'intellectuelle ou logique. Faite pour être comprise plutôt que pour être aimée, telle fugue de Bach s'adresse plus à l'entendement qu'à la sensibilité.

Elle n'est un chef-d'œuvre que de l'esprit. Elle est un chef-d'œuvre pourtant et quand on la relit, quand après des années et des années on la retrouve immuable en son abstraite beauté, on se souvient qu'auprès, au-dessus peut-être de l'idéalisme du sentiment et du cœur, il en est un autre, moins personnel et moins changeant, celui de la raison pure.

C'est un grand idéaliste que Mozart, et sa musique est peut-être celle que du mot *idéale* on a le plus souvent qualifiée. Il arrive constamment que le génie de Mozart non seulement dépasse, mais transforme le sentiment ou le personnage par lui traduit ou représenté. *Les Noces de Figaro* sont le plus fameux exemple d'un idéal transposé ou transfiguré ainsi. Dans les deux airs de la comtesse, dans le *Voi che sapete*, de Chérubin, le petit page de *la Folle journée* et sa marraine ont trouvé des accens qu'ils ne se connaissaient pas, et l'air des Marronniers respire une langueur, un mystère qui ne fit jamais défaillir le cœur de l'espiègle Suzon. Que de mélodies de Mozart débordent ainsi les paroles ou la situation ! Que de personnages doués d'une vie supérieure par la musique, par le seul pouvoir des sons ! Quelquefois de si peu de sons, d'un air ou deux à peine, témoin cette Heine de la Nuit, dont Mozart a couronné le front d'étoiles immortelles. De même le duo de Pamina et de Papageno, cette tendre litanie à deux voix, exprime, en quelques mesures, toute l'idée ou tout l'idéal de l'amour. Les couplets, je dirais presque les versets alternés de ce dialogue font penser à ceux de l'*Imitation* : « L'amour rend léger ce qu'il y a de pesant... Il rend doux et agréable ce qui est amer. » Voilà ce que chante cette musique ; comme l'amour elle est légère ; elle n'est qu'agréaient et douceur, comme l'amour.

C'est encore un chef-d'œuvre idéaliste que *Don Juan ; Don Juan*, qui ne semble jamais si beau qu'à la lecture ou au concert, *Don Juan*, que la représentation et la figuration matérielle gâtera toujours, parce qu'il n'est qu'esprit. Ecoutez : Doña Elvire ouvre sa fenêtre : « *Ah ! taci, ingiusto core* ! Tais-toi, mon injuste cœur ! » On lit, au lieu de ces mots, dans l'une des versions françaises : *Nuit fraîche, nuit sereine*, et ce texte non plus ne messied pas. Le sens de la musique est si large, elle répand une mélancolie si vaste et si profonde que tout y est compris et comme enveloppé, que tout chante et soupire à la fois dans la mélodie enchanteresse : l'âme plaintive de l'épouse et les souffles compatissans de la nuit. Tout à l'heure, et sous ce balcon, à qui don Juan va-t-il chanter la sérénade ? Peut-être croira-t-il lui-même ne la chanter qu'à la camériste ; mais puisqu'elle est immortelle, cette sérénade, puisque « tout en est vrai, » comme dit le poète qui l'a le mieux comprise, « et qu'on trompe et qu'on aime, » et « qu'on pleure en riant, » et « qu'on est innocent et coupable à la fois ; » puisqu'elle veut dire tout cela, la petite chanson, c'est donc qu'elle ne vient pas de celui-là seul qui la chante, c'est aussi qu'elle va plus loin et plus haut que celle qui l'écoute, c'est que quelque chose de supérieur est en elle, quelque chose de l'universel et de l'idéal amour.

Il n'est pas jusqu'à la mort du Commandeur où ne s'affirme l'idéalisme de Mozart. La musique ici ne prend nul souci de nous dire quel était ce vivant et quel est ce cadavre. Elle a seulement noté quelques plaintes, elle a suivi de soupir en soupir l'évanouissement, l'anéantissement de l'être. Un chant de haut-bois a perlé, mince comme un filet de sang qui s'écoule, faible comme un dernier souffle qui s'exhale. Nous voici devant ce qu'on pourrait appeler l'idéal de la mort ; par là je n'entends pas la mort embellie et dépouillée de son horreur, mais la mort en quelque sorte simplifiée et abstraite, réduite à ce qu'elle a de plus général et d'essentiel, à ce qui ne dépend en elle ni des circonstances qui l'accompagnent ni de la qualité de celui qu'elle a frappé.

C'est un sublime idéaliste que Beethoven, et de tous les grands musiciens pas un n'est plus grand moralement que lui. Son art est pur de toute sensualité, libre de toute attache et de tout attrait matériel. On ne goûte même pas, en écoutant Beethoven, la douceur caressante et le plaisir physique qu'une mélodie, une cadence de Mozart insinue quelquefois en nous. Que ce soit *Fidelio*, le cycle des lieder : *A la bien-aimée absente*, toute musique d'amour de Beethoven est austère et la volupté n'y a point de part. Ce n'est pas tout, et l'idéalisme de Beethoven ne consiste pas seulement dans la chasteté de son génie. Beethoven est idéaliste, et cela signifie que pas une œuvre musicale n'est au même degré qu'une sonate, une symphonie du maître, l'effet ou le produit, l'évolution ou le rayonnement de ce qu'en musique on appelle une idée. Nulle part l'idée musicale n'agit, ne lutte, ne triomphe comme chez Beethoven. Beethoven est idéaliste, et cela signifie encore que le maître des neuf symphonies a su rendre sans le secours des mots, par la seule musique, non pas le sentiment ou la passion particulière de tel ou tel personnage, mais le sentiment en général et la passion en soi, autrement dit l'idée ou l'idéal de la passion et du sentiment. On trouve un magnifique exemple de cette généralisation dans l'*adagio* de la quatrième symphonie (en *si bémol*). Le sujet passionnel ou moral de cet *adagio* est connu. Il a été démontré que l'admirable mélodie est un chant d'amour adressé à la comtesse Thérèse de Brunswick, « l'immortelle bien-aimée ». De cet immortel amour un autre aveu s'est conservé : trois lettres de la même époque, écrites également par Beethoven à la comtesse Thérèse. Voilà donc une double expression, par les mots et par les sons, d'un sentiment unique. Il est intéressant de comparer la prose de Beethoven à sa musique et son amour qui parle à son amour qui chante. Quand il parle, c'est avec agitation, avec transport et même avec incohérence. D'un style inégal et décousu, hachées d'exclamations et d'apostrophes, les lettres trahissent l'état d'une âme en désordre et comme en délire. A chaque page, à chaque ligne, des appels y retentissent, et même des cris : « Mon ange ! mon tout ! mon moi !... Sois calme, aime-moi ! Aujourd'hui, hier, que je t'ai désirée ! que j'ai pleuré pour toi ! pour toi, pour toi, ma vie ! mon tout ! adieu ! Oh ! continue de m'aimer, sans méconnaître jamais le cœur fidèle de celui qui t'aime. » Et

Beethoven signe ainsi : « Toujours à toi, toujours à moi, toujours l'un à l'autre. »

Voilà la réalité, voilà la nature et la vie ; voilà l'homme, mais l'homme seulement. Cherchez-vous plus que la nature, plus que la vie et la réalité ; , souhaitez-vous d'entendre, après d'humaines paroles, un langage divin. Relisez l'*adagio* de la symphonie en *si bémol*, et le mystère de ce mot « l'idéal » s'éclaircira pour vous. Vous comprendrez avec Hegel et comme lui, que la musique « ne doit pas reproduire l'expression des sentimens comme éruption naturelle de la passion : elle doit faire pénétrer dans les sons, combinés selon les rapports du nombre et de l'harmonie, une vie plus riche et plus animée ; elle idéalise ainsi l'expression, lui donne une forme supérieure créée entièrement par l'art et pour lui seul ; le simple cri se développe en une multitude de sons ; un mouvement lui est imprimé, dont la succession et le cours sont réglés par les lois de l'harmonie et se déroulent mélodieusement. »

« Sois calme ! » écrivait Beethoven à la jeune fille, et il le lui écrivait avec frénésie. Ce calme, qui manque entièrement à ses lettres, sa musique le possède et le répand. Non pas que de cet *adagio* la passion ait disparu. L'affection de l'âme y est demeurée intense ; elle s'y est libérée seulement de la hâte, de l'inquiétude, de la fièvre et de la violence, de tous les mouvemens déréglés, de tous les modes passagers et variables qui la faisaient moins pure et moins belle. Elle s'est fixée pour ainsi dire sous son aspect éternel, dans la permanence de l'ordre, de l'harmonie et de la paix. En même temps elle nous devient plus sensible, ou sensible plus directement ; les notes nous paraissent des signes à la fois plus transparens et moins convenus que les mots, et par elles, dans le grand secret ouvert, comme disait Goethe, nous lisons plus profondément.

Voilà pourquoi je ne connais pas dans Beethoven un plus bel exemple de la transfiguration par la musique d'un sentiment ou d'une passion, et de la promotion à l'ordre de l'idéal de l'ordre de la vie et de la réalité.

Wagner enfin, ce grand réaliste, a été aussi l'idéaliste par excellence, et dans le seul *Tannhäuser*, nous avons déjà vu s'opposer les deux forces contraires de son double génie. La musique de Wagner, la plus nerveuse et la plus énervante, la plus sensuelle et, à sa manière, la plus « physique » du monde, est également la plus immatérielle ; comme pas une autre, elle peut n'être qu'esprit. De la musique en général aucun musicien ne s'est fait pour ainsi dire une idée plus idéale que Wagner. Non moins qu'en artiste il la conçoit en philosophe, ou plutôt en métaphysicien. Disciple de Schopenhauer, il admet avec son maître que la musique exprime non pas la forme visible ou l'ombre, mais l'essence métaphysique du monde. « Tandis que les autres arts ont tous rapport à un objet réel, la musique s'adresse à nous directement, sans nous représenter une chose particulière. Elle nous touche directement dans le fond de notre être, sans mettre en jeu nos facultés d'analyse et de raisonnement. » S'il est vrai que tous les arts ont pour but la révélation de l'homme intérieur, il n'est pas moins vrai que

« dans tous les arts à l'exception de la musique, cette révélation n'a lieu qu'indirectement et comme par réflexion. Là où les autres arts disent : cela signifie, la musique seule dit : cela est[16]. »

L'idéalisme, c'est-à-dire « la constante subordination du fait à l'idée qui l'engendre ou qu'il fait naître »[17], voilà le caractère essentiel et reconnu du théâtre wagnérien. On a remarqué non sans raison que dans le drame de Wagner ainsi que dans celui de Sophocle ou de Racine, « la fable nous présente des événemens singulièrement tragiques ; mais ce n'est pas sur ces événemens eux-mêmes que le poète attire l'attention du spectateur. Ce qui en fait tout l'intérêt, ce que le drame nous présente avec insistance, ce sont tout au contraire les états d'âme que traversent les personnages, soit qu'ils suscitent ces événemens, soit qu'ils en deviennent les victimes[18]. » Dans sa lettre sur la musique, en tête des *Quatre poèmes d'opéra*, Wagner s'est abondamment expliqué sur la question de l'intériorité de son drame musical. Pour la première fois dans *le Vaisseau Fantôme* il se flatte d'avoir fait une large part à ce qu'il appelle les motifs internes de l'action. « Vous trouverez, ajoute-t-il, déjà beaucoup plus de force dans le développement de l'action de *Tannhäuser* par des motifs intérieurs. La catastrophe finale naît ici, sans le moindre effort, d'une lutte lyrique et poétique où nulle autre puissance que celle des dispositions morales les plus secrètes n'amène le dénouement. »

De même « l'intérêt de *Lohengrin* repose tout entier sur une péripétie qui s'accomplit dans le cœur d'Elsa et qui touche à tous les mystères de l'âme. » Quant à *Tristan et Yseult*, si de grands esprits (comme Liszt) l'ont jugé le chef-d'œuvre ou du moins l'œuvre la plus représentative de Wagner, c'est peut-être parce que le sensualisme de la musique y va jusqu'à la frénésie et à la fureur, en même temps que l'idéalisme du poème y est poussé jusqu'à l'abstraction et au symbole. « Je vous l'ai dit, écrivait Wagner à Frédéric Villot, je m'étais senti, moi aussi, entraîné à m'adresser ces deux questions : « d'où et pourquoi » ? qui avaient fait évanouir pour une longue période le charme de mon art. Mais le temps de ma pénitence m'avait appris à triompher de cette impulsion. Tous mes doutes s'étaient enfin dissipés lorsque je me mis à mon *Tristan*. Je me plongeai ici avec une entière confiance dans les profondeurs de l'âme, de ses mystères, et de ce centre intime du monde je vis s'épanouir sa forme extérieure… La vie et la mort, l'importance et l'existence du monde extérieur, tout dépend ici uniquement des mouvemens intérieurs de l'âme. L'action qui vient à s'accomplir dépend d'une seule cause, de l'âme qui la provoque, et cette action éclate au jour telle que l'âme s'en est formé l'image dans ses rêves ».

Arrêtons-nous, car bientôt viendrait le moment » où l'élève ne comprend plus le maître et où le maître ne se comprend plus lui-même. » Que de choses pourtant resteraient à dire de l'idéalisme de Wagner ; non plus de

Wagner philosophe ou poète, mais de Wagner musicien, rien que musicien ! Idéaliste, le système du *leitmotiv*, qui finit par faire de la musique un système plus intellectuel que sensible, et par conséquent plus idéal, de signes convenus. Idéaliste encore, en dépit des apparences contraires, cet orchestre prodigieusement accru, ce déploiement de toutes les forces sonores, de tous « les bois » et de tous « les cuivres », comme pour mettre plus de matière, et, s'il se peut, toute la matière, à la disposition et au service de l'idée plus dominante et plus souveraine. Idéaliste par certains côtés, autant qu'il nous a semblé réaliste par d'autres, le « milieu » même souhaité par Wagner pour la représentation de ses œuvres : cette salle obscure d'où toute sensation étrangère à la sensation d'art est bannie, où rien, fût-ce un regard, un sourire, un visage ou une épaule de femme, ne saurait nous détourner de l'idéal qui nous veut et nous prend tout entiers. Idéaliste enfin, telle mélodie, tel accord, tel timbre associé par Wagner — le Wagner de *Tannhäuser*, de *Lohengrin*, de *Parsifal* — à ce qu'il peut y avoir de plus chaste, de plus pur et de plus pieux dans l'amour divin ou les humaines amours.

En se plaçant à ces divers points de vue, en trouvant l'ange après la bête dans une nature ou un génie qui fut sans doute l'exemple le plus puissant de cette contradiction ou de cette vicissitude, il est impossible de ne pas tenir le triomphe de Wagner pour une victoire de l'idéalisme, et de ne pas reconnaître « qu'il n'y a rien de moins sensuel que cette conception de la musique, rien de moins naturaliste que cette conception de l'art de l'avenir[19]. »

VI

Ainsi tous les grands musiciens ont témoigné tour à tour de l'idéalisme de leur art. Mais il est un autre témoignage qu'ils ont également rendu : c'est que l'idéal de la musique, non seulement n'est pas l'irréel, mais qu'il est au contraire, — étant notre pensée, ou notre sentiment, ou notre âme, — la plus véritable, la plus certaine, la plus réelle enfin de toutes les réalités.

Voici le tournant et comme la boucle de notre sujet et de notre étude ; c'est ici que les deux termes de réalisme et d'idéalisme, opposés dans leurs acceptions superficielles ou secondaires, se réconcilient en leur principale et profonde signification. Aussi bien la réduction à l'identité de ces deux termes, contradictoires seulement en apparence, est au fond de toute théorie philosophique de l'idéalisme. On a très justement rappelé « qu'en philosophie, — depuis Parménide jusqu'à Hegel, et, si l'on le veut, jusqu'à M. de Hartmann, — l'*Idéalisme* consiste à ne reconnaître pour vrai et même pour existant réellement, que ce qui existe d'une manière permanente et durable[20]. » On a dit encore, avec non moins d'exactitude : « Cette philosophie prend le nom d'*idéaliste*, qui aperçoit au-dessus du monde actuel tout un autre univers que nos pensées composent, dont un esprit omniprésent, le nôtre peut-être, fournit le théâtre. Elle

47

ose plus. Au lieu que tout à l'heure l'âme éprise du mieux se contentait d'inventer par delà les êtres ambians, des types embellis, sur la consistance desquels elle ne se faisait nulle illusion, l'esprit maintenant prend en lui-même assurance et foi. *Le réel prétendu devient pour lui signe et symbole, et ce sont désormais ses pensées,* avec leurs lois inflexibles, leur inépuisable variété de formes et de contours, *qu'il estime seules de véritables existences*[21]. »

Autant que le génie philosophique, le génie musical connaît cette transposition de l'idéal et du réel, et l'opère. Remplacez le mot : *pensées* par le mot : *sentimens*, dans la phrase transcrite et soulignée ci-dessus, elle se trouvera définir l'idéalisme en musique aussi précisément que l'idéalisme en philosophie. Pour la musique encore plus que pour les autres arts, *le réel prétendu devient signe et symbole*, et ce sont les sentimens seuls *qu'elle estime de véritables existences*. La réalité, la vérité du sentiment, voilà par où les grands idéalistes que sont les grands musiciens, sont aussi de grands réalistes, ou plutôt de grands véridiques. À cette idéale vérité, jamais aucun d'eux n'a manqué. Il suffit, pour s'en convaincre, de comparer et en quelque sorte de rapporter leurs chefs-d'œuvre à nos passions, ce que nous éprouvons à ce qu'ils expriment. Eternellement assise au bord du chemin, l'humanité demande éternellement : Est-il une douleur, une joie, un rêve, une âme enfin pareille à mon âme, à mon rêve, à ma joie et à ma douleur ? Quelquefois passe un passant qui chante : il n'est grand et son nom ne demeure, il ne s'appelle Wagner, Beethoven, Mozart, Bach ou Palestrina, que si l'humanité s'est reconnue dans ses chants.

Et dans leurs chants à tous l'humanité s'est reconnue et se reconnaît encore. Elle continue d'y retrouver le fond et l'essence d'elle-même, l'être de son être, cette vie idéale qui constitue la plus absolue réalité de sa vie, tout ce qui fait enfin qu'elle est non pas la matière, ou la nature, mais l'humanité. Voilà tout l'objet de la musique. Son habituelle démarche et son progrès incessant consistent *à remonter les degrés et intériorité*, « à revenir, comme disent si bien les mystiques, du dehors au dedans, et du dedans à ce qui est plus haut : *ab exterioribus ad interiora, ab interioribus ad superiora*[22]. Pour conclure et peut-être pour définir la musique, en tout cas pour la glorifier, il suffit de changer quelques mots à la phrase célèbre de Joubert et de dire : Plus une note, un accord, une mélodie, un rythme, une sonorité, plus tout cela ressemble à un sentiment, à une âme, plus tout cela est idéal, plus aussi tout cela est réel, plus enfin tout cela est beau.

CAMILLE BELLAIGUE.

1. ↑ Voir, dans la Revue du 1er mai 1896, *la Musique au point de vue sociologique*.
2. ↑ M. F. Brunetière, *La Renaissance de l'idéalisme*.
3. ↑ Helmholtz, *Causes physiologiques de l'harmonie musicale*.
4. ↑ *Le Son et la musique*, par P. Blaserna, professeur à l'Université de Rome.
5. ↑ *L'Émotion musicale*, par M. Lionel Dauriac (*Revue Philosophique* de juillet et août 1896).
6. ↑ Hegel, *Esthétique* (traduction Renard).

7. ↑ M. Jules Combarieu, *Des rapports de la musique et de la poésie.* (*De la pensée musicale.*)

8. ↑ Cité par M. Brunetière (*la Renaissance de l'idéalisme*).

9. ↑ Cité par M. Brunetière, *ibid.*

10. ↑ M. Victor Cherbuliez, *l'Art et la Nature.*

11. ↑ M. Victor Cherbuliez, *ibid.*

12. ↑ Charles Blanc, cité par M. Cherbulliez, *op. cit.*

13. ↑ M. Victor Cherbulliez, *l'Art et le Nature.*

14. ↑ M. Victor Cherbuliez, *op. cit.*

15. ↑ M. Victor Cherbulliez, *op. cit.*

16. ↑ J. G. Freson, *l'Esthétique de Richard Wagner.* — Wagner, cité par M. H.-S. Chamberlain (*le Drame wagnérien*).

17. ↑ M. H.-S. Chamberlain.

18. ↑ .M. H.-S. Chamberlain : *Richard Wagner et le génie français. Revue* du 15 juillet 1896.

19. ↑ M. Brunetière, (*la Renaissance de l'Idéalisme*).

20. ↑ M. Brunetière (*ibid.*)

21. ↑ *L'idéalisme en Angleterre au XVIIIe siècle*, par M. Georges l.yon. (Cité par M. Brunetière.)

22. ↑ P. Gratry.